# GUÍA DE COMUNICACIÓN ASERTIVA

Técnicas poderosas, fáciles y prácticas para comunicarte como un experto.
**HABLA DE FORMA EFECTIVA**

LESTER PEARSON

# ÍNDICE

# INTRODUCCIÓN

La asertividad es la capacidad de expresar los sentimientos, las ideas, opiniones y solicitudes de una manera libre, clara, sencilla y específica, que son comunicadas en el momento preciso y a la persona correcta. En otras palabras más simples, es la respuesta oportuna y directa, que respeta la posición propia sin ofender a la de los demás, de una manera honesta y precisa.

La comunicación asertiva puede ser muy poderosa si la usamos adecuadamente. A través de ella podemos lograr grandes avances y cambios, y sobre todo, construir relaciones interpersonales, ya sean familiares, laborales o de amistades, de una manera efectiva y duradera.

Para lograr comunicarnos efectivamente, una de las cosas que debemos tener en cuenta es que todos somos diferentes en la forma en que percibimos la vida. Cada cabeza es un mundo y usar ese conocimiento como guía para comunicarnos con otros es el camino a una vida personal, laboral y familiar exitosa.

Es importante que estudiemos acerca de este tema primeramente para que nos conozcamos a nosotros mismo, y nos demos cuenta de la forma como reaccionamos ante tales circunstancias, cómo respondemos, si nos cohibimos, si no sabemos decir que *no* a peticiones que no queremos cumplir, etc. Esta guía te ayudará a evaluarte y a conocerte para saber cómo respondes ahora mismo y cómo deberías responder para ser asertivo.

Toma ventaja de cada oportunidad para practicar tus habilidades comunicativas, para que cuando surjan ocasiones importantes, tengas la capacidad de saber manejar tus emociones y respondas con estilo, claro y preciso, no solo para conseguir lo que quieres, sino también para no ofender a los demás.

Existen varios tipos de comunicación y de todos hablaremos en estas páginas. Hay estilos que son pocos eficaces como el estilo pasivo, el agresivo, el pasivo-agresivo los cuales se fundamentan en ideas equivocadas que no tienen límites y faltan el respeto a los demás y a veces a uno mismo.

Contar con un estilo de comunicación asertiva será útil y funcional para hacer valer nuestros derechos, saber manejar conflictos y diferencias, conducir situaciones de negociación con sabiduría, establecer y mantener conversaciones con todo tipo de personas y en diferentes contextos; también será un punto a favor al momento de tomar decisiones, solicitar modificaciones de conducta en otros individuos y decir exactamente lo que se quiere decir sin hacer daño.

Te aseguro que esta guía sobre la comunicación asertiva producirá cambios en tu vida y lograrás mejoras en tus relaciones interpersonales si sigues las técnicas aquí brindadas.

**CAPÍTULO 1. TODO LO QUE DEBES CONOCER Y SABER SOBRE LA COMUNICACIÓN ASERTIVA**

En este primer capítulo abordaremos todo lo referente a la comunicación asertiva, sus características, los tipos, para qué sirve y cómo puedes usarla en tu vida personal y laboral. Tendremos ejemplos prácticos, fáciles de entender y aplicar.

Al aprender a comunicarte efectiva y adecuadamente con los demás, tu entorno laboral y familiar se vuelve más agradable, menos estresante y por ende mucho mejor en cuanto a calidad, armonía y eficiencia. A través de esta guía podrás entender e identificar adecuadamente una comunicación asertiva, aprenderás a reconocer cuándo utilizas una comunicación agresiva, pasiva o una comunicación pasivo-agresiva, y la manera como debes utilizar una comunicación efectiva para poder obtener beneficios en tu entorno familiar y de trabajo.

## ¿QUÉ ES LA COMUNICACIÓN ASERTIVA?

Es un tipo de comunicación mediante el cual puedes expresar directamente, tus sentimientos, manera de pensar, tus deseos, ideas o necesidades, de forma serena, formal, segura, respetuosa, al interactuar con otras personas, manteniendo la empatía, siendo responsable con tus palabras, sin caer en los prejuicios, sin emitir juicios dañinos e irrespetuosos.

Estudios realizados por reconocidas instituciones, afirman que logras comunicarte de manera asertiva cuando eres capaz de expresar lo que quieres decir, cuando lo haces en el momento adecuado y además te genera satisfacción hacerlo. Cuando eres persistente en hacer valer tus derechos, respetando el derecho de otros y los tuyos propios.

## ¿PARA QUÉ NOS SIRVE LA COMUNICACIÓN ASERTIVA?

Aprender a comunicarte de manera asertiva, te generará múltiples beneficios, tanto en lo personal como en lo laboral y social. Te permitirá influir positivamente en otras personas, conseguir su respaldo, generar buenas y adecuadas relaciones interpersonales.

Diferentes estudios realizados sobre las relaciones, sostienen que las personas tienen dificultad para comunicarse asertivamente en una relación, siendo esto uno de los aspectos más difíciles. Esos estudios también han permitido concluir, que una vez aprendida la forma correcta de utilizar la comunicación asertiva, las personas, logran generar, confianza, respeto, exponer sus ideas y pensamientos, de manera clara y segura y ser más exitosas en el campo laboral y personal. Comunicarte asertivamente, disminuye considerablemente el estrés y la impotencia que se genera cuando no sabes cómo hacer entender tus ideas, solicitudes o pensamientos.

Cuando no logras darte a entender o no sabes expresar bien tus ideas, puedes incurrir en un tipo de comunicación contraria a la comunicación asertiva, como por ejemplo la comunicación agresiva.

## ¿QUÉ ES LA COMUNICACIÓN AGRESIVA?

Es la comunicación que transmite miedo, irrespeto, críticas sin amabilidad, carece de empatía, de consideración, es la que puedes estar usando sin percatarte de lo dañina que es, porque genera rechazo de parte de las personas sobre las cuales aplicas una comunicación agresiva, lo que finalmente te crea un ambiente personal y laboral estresante e inadecuado.

Si las emociones te dominan y usas una comunicación agresiva al momento de corregir errores o incumplimiento de alguna asignación o ante una situación personal y familiar, sin duda generarás rechazo, ofenderás, lastimarás y finalmente no conseguirás buenos resultados.

## ¿QUÉ ES LA COMUNICACIÓN PASIVA?

Es otro tipo de comunicación que se realiza cuando por temor, por ser complaciente con otras personas, por no querer ser rechazado, por buscar la aprobación de todos, no expresas realmente tu opinión, lo que quieres, lo que piensas y sientes ante una situación.

La comunicación pasiva se ve manifestada cuando aceptas y respaldas una opinión o situación, aunque no estés de acuerdo, y ni siquiera eres capaz de trasmitirlo por el temor al rechazo o a un posible conflicto. Este tipo de comunicación puede generar que seas percibido como alguien inseguro, sin liderazgo o ideas propias, incluso puede traer consigo, la falta de respaldo en tus decisiones o ideas. Este tipo de comunicación puede crearte una gran frustración personal y laboral.

## ¿QUÉ ES LA COMUNICACIÓN PASIVO-AGRESIVA?

Es un tipo de comunicación donde el sarcasmo, la manipulación y la falta de expresividad de lo que se piensa, son los principales protagonistas. Es posible que una comunicación pasiva-agresiva parezca solo como pasiva, al permanecer callado y no expresar lo que sientes, pero el enojo y frustración que esto te produce, puede hacer que te muestres aparentemente amable y sonriente externamente, mientras internamente te consume el enojo, lo que te lleva a tomar una actitud de falsa cooperación, de uso de lenguaje sarcástico o manipulador, cosa que finalmente te deja en evidencia, generando que seas percibido como una persona falsa, de doble cara, alguien en quien no se puede confiar.

## CARACTERÍSTICAS DE LA COMUNICACIÓN ASERTIVA

➢ Sabes comunicar tus ideas, pensamientos y órdenes de forma amable, directa y segura.

> Haces valer tus derechos, respetando los derechos de los demás.
> Generas confianza, tranquilidad, liderazgo y respaldo a tus ideas.
> Usas un lenguaje sobrio, respetuoso y sin juzgar ni recriminar.

**Ejemplos de una comunicación asertiva**

A continuación algunos ejemplos de cuándo se usa una comunicación asertiva y cuándo no.

**Ejemplo 1:** *"¿Cómo es posible que seas tan inepto? ¡estoy harto de tus errores!"*. Esto no es una comunicación asertiva, porque usa un lenguaje irrespetuoso y agresivo. *"Por favor concéntrate más en el proyecto, tus distracciones, nos han retrasado en nuestro plan de trabajo ¿lo sabías?"*, esto sí es comunicación asertiva porque usa un tono más amable, directo, manifiesta lo que se siente y se piensa ante la situación planteada.

**Ejemplo 2:** *"¡tu actitud me molesta!"*, no es una comunicación asertiva porque emplea la victimización y se emite un juicio. *"No puedo descansar porque estás oyendo música a alto volumen, por favor, disminuye el volumen"*, es asertivo porque busca hacer valer sus derechos, respetando el de los demás.

**Ejemplo 3:** *"¡noto que no tienes una disposición adecuada, parece que no quieres hacer tu trabajo!"*, no es asertivo porque generaliza y juzga. *"Por favor, trata de ser puntual, has llegado tarde últimamente"*, es asertiva porque es específica, honesta, directa y respetuosa.

**La comunicación asertiva en el trabajo.**

Comunicarte de manera asertiva en tu trabajo es la clave para ser exitoso, eficiente y generar un ambiente de apoyo, reciprocidad, respeto, armonía, eficiencia y productividad.

La comunicación asertiva bien aplicada generará mayor motivación en el área laboral, menos conflictos, menos situaciones estresantes y un mejor enfoque en las asignaciones diarias. Transmitirá una percepción idónea del liderazgo.

**Recomendaciones para una comunicación asertiva en el lugar de trabajo:**

**Primero:** Escucha con suma atención y sin interrumpir cuando otra persona te hable, permite que se exprese. No desvíes tu mirada a otros lugares y observa a quien te habla, eso le transmitirá la sensación de estar siendo escuchado y atendido.

**Segundo:** De manera que puedas ser entendido, sé directo, respetuoso, honesto y sincero al comunicarte. Utiliza un lenguaje adecuado y aprovecha el tiempo en el que debas transmitir tu mensaje o indicación.

**Tercero:** Enseña con el ejemplo, sé colaborador, muestra a los demás la manera más adecuada y efectiva de realizar las asignaciones. Establece límites, de manera que cada quien asuma sus responsabilidades.

**Cuarto:** Canaliza adecuadamente tus emociones, aprende a desarrollar la inteligencia emocional para que puedas tomar las decisiones más adecuadas, aún en situaciones de alto estrés e irritabilidad, de manera que puedas resolver situaciones conflictivas y delicadas en el trabajo.

**Quinto:** Usa el feed-back con tus compañeros para que puedas conocer su opinión respecto a la manera en que es percibida tu manera de comunicarte, así sabrás cuándo eres percibido como un comunicador asertivo y cuándo no.

Dependerá de ti aplicar correctamente las técnicas de una comunicación asertiva. El capítulo siguiente te mostrará las técnicas más importantes de la comunicación asertiva y efectiva con algunos ejemplos prácticos.

# CAPÍTULO 2. ONCE TÉCNICAS DE COMUNICACIÓN ASERTIVA Y EFECTIVA

En este capítulo aprenderás técnicas de comunicación asertiva que te resultarán muy efectivas al aplicarlas en tu vida personal y laboral. Con pasos aplicables y ejemplos prácticos, sabrás cómo puedes lograr una comunicación efectiva y asertiva.

## TÉCNICA 1: CUESTIONA TUS SUPOSICIONES Y PREGUNTA

Se dice que sufrimos más por lo que imaginamos que por lo que realmente pasa. Antes de asumir una actitud o tomar una decisión frente a las acciones de otras personas, aprende a cuestionar tus suposiciones y decide preguntar en vez de tomarte de manera personal las acciones de otras personas y sacar conclusiones equivocadas. ¿De qué manera lo puedes hacer? Hagamos un ejercicio práctico: supón por un momento que asignaste 5 actividades a un subalterno y él solo realizó 3 y que no es la primera vez que no cumple con todas las asignaciones.

**Paso 1: Identifica tu suposición.** Ante esa situación, te supones lo siguiente: *"él no tiene ningún interés en el trabajo, es un flojo y seguramente prefirió entretenerse en otra cosa"*.

**Paso 2: Cuestiona tu suposición para saber si es válida y verdadera**. Para hacerlo, puedes plantearte algunas de estas preguntas: *"¿puedo estar 100% seguro que lo que pienso sobre su retraso es verdad? ¿Dispongo de suficiente información que lo compruebe? ¿Cómo me siento al pensar de esta manera? ¿Resulta útil suponer así? ¿Estaré exagerando? ¿Es mejor pensar de una manera más positiva?"*.

**Paso 3: Realiza preguntas con un lenguaje adecuado, respetuoso y empático, para poder saber lo que pasó exactamente.** Ejemplo: *"No realizaste todas las asignaciones y ya te ha pasado lo mismo anteriormente ¿tuviste algún inconveniente? ¿Podrías por favor decirme lo que pasó?"*.

**Paso 4: Procura buscar y comprometer a la otra persona a adoptar una solución**. Ejemplo: *"es lamentable que esta situación te impida cumplir con todas las asignaciones, ¿qué puedes hacer para evitar que se repita esta situación?"*.

## TÉCNICA 2: HABLAR EN PRIMERA PERSONA

Trata de hablar en primera persona porque es una manera de asumir la responsabilidad de lo que dices, sientes y piensas.

Al hablar en primera persona estarás reconociendo que lo que piensas, crees y opinas no es una verdad irrefutable y absoluta, solo es tu manera de ver la realidad. Cuando quieras expresar lo que sientes, usa expresiones de este tipo: como yo siento, me siento, tengo la sensación de.

Cuando quieras pedir algo, trata de hacerlo de esta manera: necesito, quiero, me gustaría; por ejemplo, en lugar de expresar: *"estás cometiendo una gran equivocación, debes hacerlo así y punto"*, podrías decir: *"Por la experiencia que ya tengo, puedo decir que es mejor y más útil hacer las cosas de esta manera"*, o en lugar de expresar: *"tú tienes que llegar siempre temprano"*, podrías decir: *"me gustaría por favor que llegues temprano"*.


## TÉCNICA 3: SÉ RESPONSABLE POR TUS SENTIMIENTOS

Cuando se trata de expresar de manera asertiva lo que se siente, debes hacerlo, siendo responsable de tus sentimientos, sin usar a otros como excusa para cualquier reacción emocional que sea inadecuada. Esto incluye que debes expresar tus sentimientos en primera persona, por ejemplo: estoy tranquilo, me siento frustrado, estoy preocupado, me molesta, me enoja.

Al expresar emociones para culpar a otros, ellos pueden sentirse atacados y reaccionarían a la defensiva. Es distinto decir: *"por tu culpa estoy de mal humor, siempre haces el café muy dulce y no me gusta el café con mucha azúcar"*, a decir: *"cuando el café queda muy dulce, me pongo de mal humor"* o, es diferente decir: *"eres tú quien me hace sentir que no te importa lo que digo y me ignoras completamente porque miras siempre tu teléfono y no a mí cuando te hablo"*, a decir: *"cuando no me miras mientras te hablo, me siento ignorado"*. La clave es iniciar mencionando la acción de la otra persona y luego escribir cómo te sientes. Ejemplo: *"Sí miras solo tu teléfono mientras te hablo me siento ignorado"*.

## TÉCNICA 4: MENCIONA LOS HECHOS Y SU IMPACTO

Cuando te comunicas con otra persona y utilizas un lenguaje descalificador, con toda seguridad esta persona se sentirá molesta u ofendida. En la comunicación asertiva, se evita juzgar, y se procura hablar con las palabras adecuadas sobre el comportamiento de la persona y el impacto que este produce. Debes evitar Juzgar y usar adjetivos descalificativos porque pueden causar molestias o ser hirientes emocionalmente. En la comunicación efectiva debes describir de manera específica las acciones y las consecuencias de esas acciones. Evita emitir juicios de valor. Ejemplo, en vez de decir: *"eres una persona holgazán y descuidada, siempre haces tarde lo que te asignan"*, es mejor decir: *"Cada vez que tardas en hacer tus asignaciones, afectas el trabajo de todo el equipo"*. Otro ejemplo: *"Tú siempre con mala actitud, como que no te importara el trabajo"*, podrías decir: *"cuando no prestas la atención adecuada a lo que estás haciendo, no puedes hacerlo bien"*. La clave es poder describir el comportamiento específico de la otra persona y las consecuencias de esas acciones, por ejemplo: *"cuando no me miras y te distraes en otras cosas mientras te hablo, me siento irrespetado e ignorado"*.

## TÉCNICA 5: HABLA DE LAS CONSECUENCIAS DESDE TU PERSPECTIVA U OPINIÓN

Al hablar del impacto negativo que generan las acciones de una persona sobre otras y que puedes percibir, más no son hechos observables, en ese caso, debes hacerlo en primera persona. Deja claro que es tu percepción y no una verdad absoluta.

Cuando expreses tu perspectiva trata de usar frases como: lo que observo, lo que percibo, tengo la impresión, etc. Otro ejemplo, en lugar de decir: *"cuando no llamas a tu familia, ellos sienten que no te importan"*, puedes decir: *"cuando no llamas a tu familia, tengo la impresión de que ellos sienten que no te importan, ¿qué piensas tú al respecto?"*. La clave es mencionar el comportamiento del otro, y la consecuencia percibida por ti desde tu perspectiva y finalmente, realizar una pregunta para conocer cuál es la percepción de la otra persona, ejemplo: *"cuando hablas por teléfono mientras estamos en reunión con el resto del equipo, me da la impresión de que ellos se sienten ignorados, ¿tú que piensas de eso?"*.

## TÉCNICA 6: NO UTILICES LAS GENERALIZACIONES

Para lograr un buen desarrollo de tus habilidades asertivas, debes evitar el uso de palabras que tiendan a generalizar, por ejemplo: nunca, siempre, todos, nadie; debes ser preciso, por ejemplo, en lugar de decir: *"nunca prestas atención ni entiendes lo que te explico"* podrías decir: *"Te entretienes con facilidad cuando te estoy explicando, por eso te resulta difícil entender"*, otro ejemplo, en lugar de decir: *"todos dicen que me quieren, pero me dan la espalda y me dejan solo"* puedes decir: *"Algunas veces me siento solo y siento que no cuento con la ayuda de ustedes, porque no me visitan"*. La clave es que describas la situación de manera específica respecto al qué, cuándo, dónde, cómo y quiénes. Por ejemplo: *"Hoy durante el almuerzo, no me hablaste en ningún momento, ni probaste la comida que preparé, eso me hace sentir despreciado"*.

## TÉCNICA 7: APRENDE A ADAPTAR TU LENGUAJE NO VERBAL

Un aspecto clave para una buena comunicación asertiva, es aprender a utilizar un lenguaje no verbal asertivo, de otra manera, no funcionará, debes aprender a utilizar el lenguaje corporal, tus movimientos, las expresiones del rostro, tus posturas y tus gestos. Puede que uses unas palabras asertivas, pero el lenguaje corporal no es asertivo, podrías causar un efecto negativo, porque tus palabras dicen una cosa, pero tu expresión corporal transmite algo distinto. No es un lenguaje asertivo cuando aprietas los labios, las manos, la mandíbula y cuando gesticulas frunciendo el ceño.

Si tu rostro refleja fastidio o molestia, si miras a otra parte o miras tu teléfono cuando alguien te habla, estás usando un lenguaje corporal no asertivo y no trasmites confianza ni interés. Debes mirar con atención cuando alguien te habla, mantén una postura adecuada bien sea que estés sentado o de pie, tu rostro no debe reflejar desinterés o fastidio, puedes mostrar seriedad sin caer en el reflejo de una persona airada, debes evitar trasmitir agresividad. Muéstrate receptivo y entusiasta. Evita los distractores como el teléfono, la computadora, etc.

Siguiendo estos consejos, podrás mejorar tu comunicación corporal y complementar con ello la comunicación verbal.

## TÉCNICA 8: APRENDE A CONOCER Y USAR EL LENGUAJE PARAVERBAL

El lenguaje paraverbal es aquel que tiene que ver con el tono, la rapidez y modulación de la voz al hablar, en ocasiones habrás sentido que no te agrada la forma de expresarse de otra persona, bien sea por su tono de voz o la rapidez al hablar.

Algunos estudios muestran que la voz puede ser un elemento principal para mostrar emociones cuando hablamos. Para que la comunicación asertiva sea eficiente debe estar acompañada por un lenguaje paraverbal asertivo. Al hablar en un tono de voz muy bajo o demasiado suave, transmites inseguridad y puedes oírte desempoderado. Si usas un tono de voz demasiado fuerte podrías transmitir miedo, arrogancia y soberbia, causando que la otra persona no quiera escucharte. Al hablar muy rápido podrías verte acelerado o ansioso y si hablas muy despacio seguro causas aburrimiento. Debes usar un tono de voz adecuado y equilibrado al hablar. Debes generar el interés de la otra persona al comunicarte. Debes mostrar seguridad, serenidad y confianza. No siempre se logra, sobre todo si estás molesto o inseguro, si esto te sucede, intenta disminuir el volumen de tu voz, respira profundo, relaja la expresión del rostro y los músculos del cuerpo y trata de hablar un poquito más despacio. Esto funciona por el vínculo entre la mente, el cuerpo y las emociones. Intenta manejar tu lenguaje corporal, tus gestos y el tono de voz para reflejar calma, esto te ayudará a sentirte más tranquilo.

## TÉCNICA 9: PRACTICA Y APRENDE DE LAS CONVERSACIONES DIFÍCILES

Algunas conversaciones pueden resultar difíciles por diferentes motivos, bien sea por el tema conversado, por la poca receptividad de quienes desarrollan la conversación, entre otros aspectos. Es por eso que ante este tipo de conversaciones más que en cualquier otro tipo de conversación requieres usar las habilidades asertivas. De esta manera tus posibilidades de lograr una comunicación efectiva serán más altas. Puedes practicar planteando diferentes situaciones y conversaciones, como por ejemplo:

> **Visualízate**: Has un ejercicio de visualización e imagínate conversando. Visualiza a quienes te escuchan, la manera que deseas transmitir tu mensaje, las expresiones verbales y corporales que emplearías y los resultados que logras obtener visualizando las expresiones de las personas que te escuchan hablar de manera firme y segura y cómo te perciben.

> **Redacta lo que quieres decir**: escribe los mensajes que deseas comunicar y revísalos para asegurarte que aplicas en ellos las técnicas de comunicación asertiva.

> **Practica**: realiza algunas prácticas de conversación con otra personas que conozcan de la comunicación asertiva y sus técnicas, así puedes mejorar tus habilidades.

> **Obsérvate**: Puedes grabar un vídeo mientras hablas o puedes pararte frente a un espejo y practicar el lenguaje verbal y corporal.

## TÉCNICA 10: EL TIMING

Antes de comenzar una comunicación difícil debes asegurarte de que existan las condiciones adecuadas para llevarla a cabo. Debes estar seguro de que las condiciones físicas y emocionales son adecuadas, si hay disposición tanto tuya como de la otra persona para conversar, si tienen el tiempo, si no hay cansancio o estrés, también puedes preguntar si es buen tiempo para conversar o si deben posponerlo para otro momento, esto para garantizar que la conversación tenga altas probabilidades de ser efectiva y exitosa. Podrías decir: *"Quiero por favor que conversemos sobre lo que haremos para disolver nuestra sociedad, liquidar la empresa y repartir los bienes ¿consideras que es posible hablar del tema en este momento?"* Si la intención es dar tu opinión respecto a un comportamiento que tiene un impacto negativo, podrías decir: *"Quiero darte mi opinión respecto a tu ausencia hoy en el evento ¿puedo expresarla?"*.


## TÉCNICA 11: EVALÚA TU ESTILO DE COMUNICACIÓN

Identificar cuándo te comunicas usando una comunicación pasiva, agresiva o pasiva-agresiva es de suma importancia para desarrollar la comunicación asertiva.

# CAPÍTULO 3. ¿CÓMO CAMBIAR LA COMUNICACIÓN AGRESIVA? SIETE TÉCNICAS DE COMUNICACIÓN ASERTIVA

En este capítulo conocerás y aprenderás 7 técnicas que serán de mucha utilidad si tienes algún tipo de comunicación agresiva. Cuando te comunicas de manera agresiva, tanto tú como la persona o las personas con quienes te comunicas pueden presentar altos niveles de estrés y también puedes crear relaciones conflictivas, estériles e improductivas. La comunicación asertiva como ya lo hemos mencionado antes, será de gran ayuda para no caer en esto. Por eso las técnicas que conocerás en este capítulo te ayudarán a evitar el uso de la comunicación agresiva.

## TÉCNICA 1: APRENDE A USAR UN LENGUAJE INCLUSIVO

Cuando te expresas para dar inicio a un comentario durante una conversación usando expresiones como: *"Te equivocas"*, *"no estoy de acuerdo en nada"*, *"no"*, *"pero"*, *"sí"*, *"pero"*, *"no"*; muy probablemente la otra persona se sienta incomoda, menospreciada y muy probablemente no desee mantener la conversación. Usar "pero" y "no", pueden cortar cualquier tipo de buena intención en una conversación. Es mejor que uses un lenguaje inclusivo donde muestres valoración por la opinión de la otra persona, por ejemplo: *"seguro, estoy de acuerdo contigo"*, *"me parece muy importante lo que dices y también"*, *"correcto, solo sugeriría"*, *"me parece muy bueno tu planteamiento, es posible"*.

En un ejercicio de imaginación de una situación, supón que algunos de tus socios piensen que deberían abrir más sucursales de la empresa y tú consideras que no deben hacerlo, que es mejor fortalecer los establecimientos actuales, durante la conversación de este tema, podrías decir: *"me parece muy importante que consideren expandir la marca, creo que si logramos consolidar los establecimientos actuales, podremos alcanzar la expansión en poco tiempo"*.


## TÉCNICA 2: USA UN LENGUAJE EMPÁTICO Y HAZ PREGUNTAS DE COLABORACIÓN Y COMPROMISO.

Tus mensajes deben transmitir una verdadera intención de cooperar y ayudar. Evita juzgar para que las otras personas no se sientan ofendidas o atacadas.

Utilizar el lenguaje de forma empática es dar a entender que puedes colocarte en el lugar de la otra persona para saber lo que siente, piensa y opina, para lograr esto debes utilizar un lenguaje que muestre empatía, hacer preguntas de colaboración y que logren que el otro se comprometa a conseguir una solución, ejemplo, en lugar de decir: *"eres un incompetente, nunca haces bien lo que te ordenan y además llegando tarde"*, podrías decir: *"Entiendo que la situación del transporte te afecte y por eso no llegas temprano, lo que debes hacer es tratar de salir de tu casa más temprano y aprovechar el tiempo una vez en el trabajo para que puedas hacer todas tus asignaciones.* La clave es:

> ➢ 1: Usar un lenguaje empático con palabras como: te entiendo, te comprendo, es normal sentirse así.

- ➤ 2: Repetir la emoción que es expresada por la otra persona.
- ➤ 3: Repetir la causa de la emoción.
- ➤ 4: Realizar preguntas de colaboración o que generen el compromiso de la otra persona, ejemplo: *"que te sientas molesta porque se te olvidó tu comida es normal, ¿qué podemos hacer para ayudarte y hacer que te sientas bien?"*.

## TÉCNICA 3: CONTROLA TUS EMOCIONES Y COMUNÍCATE CON TRANQUILIDAD

Las emociones humanas son normales, podemos sentir temor, ansiedad, frustración, rabia, etc. que son emociones humanas naturales pero que debemos aprender a controlar para poder comunicar y expresar lo que nos moleste de manera respetuosa.

Aprende a reconocer tus emociones y a controlarlas. Aprender técnicas de respiración y relajación pueden ser de mucha utilidad porque actuar impulsivamente y bajo una condición emocional de inestabilidad o irritabilidad no te harán comunicarte efectivamente y podrías tomar decisiones equivocadas.

Aprender a reconocer todos los sentimientos que te generan malestar es fundamental, porque una vez identificados, debes procurar cambiar la manera de pensar y actuar cuando en una situación salgan a relucir esos sentimientos, de esa manera podrás abordarla con una actitud diferente. Por ejemplo, si esperas la llamada de alguien importante para ti y transcurrido un tiempo la llamada no sucede, es posible que te cause frustración y enojo y pienses que a esa persona no le importes, no te valora y por eso no te llamó.

En una situación así, es normal que puedas estar frustrado y hasta enojado, pero lo que debes cambiar es la manera de pensar respecto al por qué de la situación. Es más recomendable y saludable emocionalmente pensar en otras opciones, como por ejemplo que está en un área fuera de cobertura, que pudo haberse quedado sin saldo o pudo tener una emergencia. Pensar en las diferentes opciones ante una situación te ayudará a evitar caer en la dañina inestabilidad emocional.

El tercer paso es no olvidar que finalmente somos humanos y propensos a cometer errores, tanto tú como las otras personas con las que te comunicas. Saber cuándo dar espacio a la compasión, la amabilidad y a no olvidar que las otras personas pueden cometer errores, pero también tienen cosas positivas y en algún momento pudiste recibir de ellos acciones beneficiosas y positivas, conectarte con la compasión y recordar las cualidades de la otra persona y las acciones positivas que ha realizado, te ayudará a estar conectado con esas emociones positivas y por lo tanto a un mejor manejo de tus emociones.

## TÉCNICA 4: TÉCNICA MATRIX O TÉCNICA BANCO DE NIEBLA

Si has visto la película Matrix podrás entender un poco mejor en qué consiste esta técnica. En la película cuando a "Neo" el personaje principal le disparaban, él podía esquivar y parar las balas sin que lo tocaran y hacer que cayeran al piso.

Aplicar la técnica matrix o banco de niebla, es actuar como Neo ante una situación en la que otra persona esté usando un tono agresivo. Es no dejar que sus palabras te toquen o logren herirte emocionalmente. Es esquivarlas para evitar caer al mismo nivel de agresividad y entrar en un conflicto. Es saber admitir tu equivocación si ese es el caso o simplemente dar una respuesta respetuosa y terminar con la conversación para evitar un conflicto mayor.

No debes aceptar manipulación alguna, chantaje o críticas sin sentido. Es importante que uses en todo momento un lenguaje verbal y corporal adecuado, sereno, respetuoso, pero firme. Por ejemplo, supongamos que un compañero de trabajo está enojado porque olvidaste llamarlo a una hora indicada.

Compañero de trabajo: *"eres un despistado, siempre olvidas hacer las cosas importantes"*.
Técnica Matrix: *"lo siento, me disculpo, aunque no siempre me olvido de lo importante, solo esta vez olvidé llamarte a la hora señalada"*.
Compañero de trabajo: *"¡me enojas!"*.
Técnica Matrix: *"Entiendo que puedas sentirte así, pido disculpas nuevamente"*.

Compañero de trabajo: *"si claro, con una disculpa lo arreglas todo"*.

Técnica Matrix: *"Trataré de que no vuelva a ocurrir en el futuro para evitarte una molestia"*.


## TÉCNICA 5: STOP

Esta técnica consiste en saber cuándo detener y abandonar una conversación que no es productiva, efectiva, satisfactoria o que esté generando algún tipo de agresividad o malestar.

Podría ser una conversación donde cada quien quiere mantener su opinión o argumento y además crea tener la razón y pensar que la otra persona está equivocada, en esta situación es preferible detener la conversación porque no es productiva, no lleva a ninguna parte, dado a que ambos quieren tener la razón es más productivo aceptar que existe la diversidad de criterios y opiniones. En situaciones así, podrías decir: *"agradezco tu tiempo y que hayamos podido conocer la opinión que tenemos cada uno sobre este tema, ya sabemos que no pensamos igual, así que lo mejor es aceptar esa diferencia y no seguir alargando esta conversación"*.

En una comunicación que pueda generar alguna tensión emocional, es mejor detenerla, podrías expresarte de esta manera: *"Creo que este tema nos está alterando, que la comunicación no es la adecuada, que es mejor que paremos, pensemos mejor, busquemos estar calmados y retomar la conversación en otro momento"*.

## TÉCNICA 6: RECONOCE LOS ASPECTOS POSITIVOS Y REALIZA SUGERENCIAS CONSTRUCTIVAS

Es importante saber reconocer los aspectos positivos de otra persona y no solo las fallas, errores o equivocaciones. Hacer énfasis únicamente en lo que está mal, hará que la otra persona se sienta avergonzada o atacada y no generarás en ella algún tipo de receptividad, por el contrario, generarás rechazo.

Debes aprender a realizar críticas constructivas utilizando el lenguaje adecuado, mostrando gestos de amabilidad, aprecio, comprensión y aliento. La combinación de un lenguaje corporal y verbal asertivo y comprensivo hará que la comunicación con la otra persona sea fluida, receptiva y constructiva y que ante una falla o error, se pueda generar una aceptación y compromiso de mejora de esa falla.

Unos ejemplos que enseñan cómo hacer de un comentario no asertivo en uno asertivo usando esta técnica:

**Ejemplo 1:**
- No asertivo: *"No sirves para bailar"*.
- Asertivo: *"reconozco el esfuerzo que haces por intentar aprender a bailar, puedes seguir intentando hasta que aprendas o considerar no hacerlo más"*.

**Ejemplo 2:**
- No asertivo: *"el pastel estaba muy dulce y empalagoso"*.
- Asertivo: *"te felicito por el pastel, estaba muy bonito y con buen sabor, solo te sugiero que tengas en cuenta la cantidad de azúcar que usas para que no te quede muy dulce"*.

## TÉCNICA 7: AFRONTAR LAS CRÍTICAS CON PREGUNTAS CURIOSAS Y COMENTARIOS ASERTIVOS

Cuando estés recibiendo permanentemente críticas no constructivas de otra persona, puedes usar esta técnica utilizando preguntas a manera de responder e indagar el porqué de la actitud de la otra persona sin ser sumiso o caer en la agresividad. Aquí un ejemplo de crítica destructiva y cómo sería responder asertivamente:

Crítica destructiva: *"eres un desconsiderado, un flojo, todo me lo dejas a mí, no haces nada"*. Una respuesta asertiva usando preguntas curiosas sería: *¿exactamente qué te molesta? ¿En qué no te considero? ¿A qué te refieres cuando dices que no hago nada? ¿Qué crees que debo hacer para solucionar esta situación?* Refuerza las preguntas con comentarios respetuosos, de aceptación de los errores y de disposición a mejorar. Siguiendo con el mismo ejemplo:

*"Sé que no he actuado bien y me disculpo, no estoy de acuerdo cuando dices que no hago nada, te he ayudado en otras oportunidades, aunque acepto que en ocasiones te he dejado el trabajo a ti solo. Quiero mejorar esto y ayudarte, ¿crees que podemos hacerlo?".*

# CAPÍTULO 4. COMUNICACIÓN ASERTIVA: SIETE TÉCNICAS PARA CAMBIAR LA COMUNICACIÓN PASIVA

En la comunicación asertiva es indispensable evitar caer en la pasividad al hablar, usar un tono de voz muy bajo, no expresar tus emociones, aceptar de manera impositiva la opinión de otros aún sin estar de acuerdo, etc. son signos claros de una comunicación pasiva. Es importante que aprendas a hacer valer tus derechos, sin violentar los derechos de otros. Hablar con confianza y con el tono de voz adecuado te permitirá salir de la pasividad y evitarás que tu opinión no sea tomada en cuenta y que quieran estar las otras personas por encima de ti. Algunas técnicas para cambiar la comunicación pasiva por una comunicación asertiva son:

## TÉCNICA 1: APRENDE A DECIR NO, CON RESPETO Y CON GRACIA

Debes aprender a decir que no de manera cortes, respetuosa pero firme. Esto evitará que aceptes imposiciones, abusos, que se generen en ti una serie de emociones molestas y una sensación de insatisfacción al acceder a situaciones o acciones en las que no estás de acuerdo.

La clave de esta técnica es siempre iniciar con expresiones de agradecimiento, amabilidad, luego decir no con firmeza y ofrecer una explicación directa y concreta, finalmente, debes proponer un final donde expreses el deseo de dar solución y dar gracias.

*"Con todo gusto iré mañana y conversaremos del tema que quieras, hoy no puedo, tengo asuntos importantes que atender, pero mañana sin falta nos podemos reunir ¿te parece bien? Muchas gracias por tu atención".*

Otras situaciones en la que puedes decir que no de forma asertiva:

Supón que eres invitado a una reunión religiosa, en lugar de decir que no, porque no crees en esa religión, podrías decir: *"realmente agradezco su gentil invitación, pero no podré ir a su reunión, estaré ocupado con mi familia, si en algún momento decido que quiero ir a una de sus reuniones, se lo haré saber, muchas gracias y buen día".*

En otra oportunidad, recibes una invitación de unos amigos para ir a una fiesta y beber unos tragos, en lugar de decir que no quieres ir sin dar explicación alguna y hacerlos sentirse despreciados, podrías decir: *"Gracias por invitarme, pero no puedo ir, debo resolver asuntos laborales pendientes. Espero que disfruten de la fiesta y beban con prudencia".*

## TÉCNICA 2: EL ESPEJO

Cuando sientas que otra persona te presiona o quiera manipularte para que aceptes algo que va contra tus principios, valores, creencias u opiniones, debes usar esta técnica para hacerle ver al otro lo que sus acciones o palabras causan negativamente en ti.

La clave de esta técnica es lograr identificar el mensaje manipulador o chantajista de la otra persona, repetirle las mismas palabras manipuladoras y preguntarles *"¿cómo te sientes cuando las escuchas?"*. Un ejemplo donde puedes usar esta técnica y la técnica de decir que *no* con amabilidad y gracia:

- Amigo: *"Podrías ir conmigo al cine a ver una película de terror, no quiero ir solo"*.
- Tú respondiendo *no* con amabilidad y gracia: *"Te agradezco la invitación. Pero no me gustan las películas de terror, puedo decirle a otro amigo en común a ver si quiere acompañarte ¿te parece?"*.
- Amigo usando la manipulación: *"no me consideras como un verdadero amigo, prefieres que vaya solo"*.
- Tu respuesta aplicando la técnica del espejo: *"Cuando dices que no te considero como un verdadero amigo y que prefiero que vayas solo, siento que quieres presionarme o manipularme y me haces sentir mal"*.

## TÉCNICA 3: LA ASERTIVIDAD CONFRONTATIVA

Cuando alguien se haya comprometido contigo a realizar algo y no lo cumple. Puedes usar esta técnica, para ello, puedes seguir los pasos siguientes:

# 1: **Describe el compromiso**. Debes describir lo que la otra persona se comprometió a hacer y no lo hizo.

#2: **Menciona lo que realmente sucedió e impide la versión del otro**. Sin juzgar ni usar adjetivos descalificatorios, menciona las acciones que realizó la otra persona y su impacto.

Finalmente, debes preguntar por la versión de la otra persona, así evitarás hacer suposiciones y podrás conocer lo que sucedió exactamente.

 # 3: **Debes expresar tus sentimientos y necesidades**. Escucha atentamente a la otra persona, luego demuéstrale con amabilidad que lo entiendes, realiza una petición específica y expresa lo que sientes o necesitas.

Por ejemplo, supón que un amigo tuyo debía pagarle a tu hermana hace 2 días el dinero de un préstamo en el que fuiste intermediario y garante y que tu amigo no pagó el dinero causándote un problema con tu hermana. Podrías aplicar la técnica de esta manera:

**Describe el compromiso:** *"Te habías comprometido a pagarle el dinero del préstamo a mi hermana hace 2 días"*.

**Menciona lo que sucedió realmente impide la versión del otro:** *"hoy mi hermana me dijo que estaba muy molesta porque no le pagaste ¿qué pasó?"*.

**Expresa tus sentimientos y tus necesidades:** *"te entiendo, pero me preocupa porque mi hermana me reclama tu incumplimiento al ser yo el garante del préstamo. Te pido por favor que resuelvas esta situación y le pagues a mi hermana a más tardar el día de mañana. Mil gracias"*.

Recuerda usar en todas las técnicas un tono adecuado para generar confianza.

## TÉCNICA 4: RECIBE LOS RECONOCIMIENTOS DE MANERA POSITIVA

Debes aprender a aceptar y dar valor cuando otras personas hacen referencia a los aspectos positivos que tienes y a las acciones que realizas, para algunas personas, manejar esta situación les es difícil, porque los incomoda o no se sienten merecedores de elogio alguno.

Aprende a recibir con gracias y agradecimiento, los elogios y reconocimientos. La clave de esta técnica es agradecer y luego reafirmar o reconocer lo positivo, por ejemplo, supón que alguien te felicita de esta manera: *"felicitaciones, extraordinario recital de piano"*, Veamos qué sería una respuesta asertiva y una no asertiva:

No asertiva: *"no creo que sea verdad, no soy tan buen pianista como dice"*.
Asertiva: *"muchas gracias, puse mi mayor empeño para que quedara bien"*.
Supón que alguien te dice: *"te felicito, la comida esta deliciosa"* .
Respuesta asertiva y una no asertiva:
No asertiva: *"no hice nada del otro mundo, cualquier persona puede cocinar este plato"*.
Asertiva: *"muchas gracias, me alegra mucho que le gustara"*.

## TÉCNICA 5: ECADA

La técnica ECADA es ideal para responder a un reclamo cuando has cometido una equivocación. Ayuda a bajar la agresividad de la persona que hace el reclamo.

Las siglas ECADA representan cada uno de los pasos a seguir por la persona a quien le hacen el reclamo:

E: escucha el reclamo.
C: clarifica lo que entiendes.
A: acepta que te equivocaste.
D: discúlpate por la parte que te corresponde.
A: aclara lo que se ha exagerado o manipulado.

Otro ejemplo de reclamo:

E: *"Claro a ti te importa muy poco si nos quedamos hasta tarde en la oficina, me molesta que por tu culpa nos dejen trabajando horas extras, nunca haces tus trabajos a tiempo y me perjudicas".*

C: *"entiendo que te molesta que según tú opinión no hago las asignaciones a tiempo, que por mi causa nos dejaron horas extras y eso te perjudica".*

A: *"tienes razón en que no hice a tiempo mis asignaciones de trabajo".*

D: *"De verdad lo siento y te pido disculpas".*

A: *"lo que quiero aclarar es que, aunque este día no hice mis asignaciones en el tiempo estipulado, no es verdad que siempre dejo de hacer mis asignaciones a tiempo".*

## TÉCNICA 6: ABRAZA LA INCOMODIDAD

Muchas veces, no expresamos lo que realmente queremos, sentimos, opinamos, creemos o necesitamos por temor a ser rechazados, excluidos, no entendidos, etc. Nos volvemos pasivos y permitimos el comportamiento negativo de otras personas, sin exigir adecuadamente nuestros derechos.

Existe la falsa percepción que todos los conflictos son malos o perjudiciales cuando no siempre es así. En muchas ocasiones puede ser de provecho cuando se aplican correctamente las técnicas de la comunicación asertiva. La clave de esta técnica es saber discernir y aceptar la incomodidad que puedes sentir al defender tu opinión, estar en desacuerdo, decir que no. Saber cuándo es el momento adecuado para pasar por esa pequeña incomodidad y al final lograr de manera asertiva que la comunicación avance, sea constructiva y eficiente, a pesar de ese momento incómodo.

*Tener predisposición a lo negativo y pensamientos de este tipo, pueden ser exagerados e improductivos: "si digo lo que pienso y que no estoy de acuerdo se van a molestar de inmediato, no me aceptarán en el grupo".*

## TÉCNICA 7: USAR UN LENGUAJE ESPECÍFICO PARA COMUNICAR TUS NECESIDADES NO SATISFECHAS Y HACER PETICIONES

Para aplicar esta técnica adecuadamente sigue estos tres pasos:

#1: **identifica tu necesidad no satisfecha.**

#2: **identifica qué es específicamente lo que quieres pedir.**

#3: **realiza la petición de forma específica, respetuosa y empática.**

Aquí algunos ejemplos que enseñan cómo convertir un comentario indirecto, no asertivo, en un directo, específico y asertivo usando esta técnica:

Comentario indirecto no asertivo: *"me gustaría que no fueras despistado"*.

Comentario directo, específico y asertivo: *"me gustaría que por favor trates de concentrarte más, para que terminemos el trabajo a tiempo"*.

Comentario indirecto no asertivo: *"Quiero que no hables mucho"*.

Comentario directo, específico y asertivo: *"me gustaría que mientras trabajamos, limitemos las conversaciones al tema de lo que estamos trabajando y que nos ayudes a realizar la asignación"*.

Comentario indirecto no asertivo: *"Quiero que colabores realmente"*.

Comentario directo específico y asertivo: *"me gustaría ver que te esfuerzas por ayudar al resto del equipo para que el trabajo quede bien realizado"*.

# CAPÍTULO 5. ¿CÓMO CAMBIAR LA COMUNICACIÓN PASIVO-AGRESIVA POR COMUNICACIÓN ASERTIVA?

En el presente capítulo conocerás técnicas de comunicación asertiva y la manera de evitar comunicarte de forma pasivo-agresiva.

Algunos estudios indican, que hay un alto porcentaje de personas que con frecuencia utilizan una comunicación pasiva-agresiva. Esto genera incomodidad, improductividad, conflictos innecesarios, relaciones conflictivas interpersonales, laborales y familiares. Es necesario que aprendas a identificar cuándo realizas una comunicación pasiva-agresiva y cómo cambiarla por la comunicación asertiva de manera exitosa. Aquí algunas técnicas para lograr ese cambio:

## TÉCNICA 1: INTERVENCIONES DIRECTAS

Cuando te comunicas asertivamente, utilizas un lenguaje preciso, firme, específico, no atacas a la otra persona, eres empático, amable, considerado, no usas el sarcasmo, sabes expresar lo que sientes, sin exageraciones ni excusas.

La clave de esta técnica es que describas las acciones específicas del otro, compartas cómo te sientes con sus acciones y que realices peticiones específicas y directas sin ironía, ni exageraciones. Esto muestra la diferencia entre una comunicación pasivo-agresiva y comunicarse asertiva y directamente.

Para expresar una necesidad de forma pasiva-agresiva sería: *"claro tus amigos, son mucho más importantes para ti que tu familia ¿puedes decirme aunque sea una vez, porqué nos ignoras de esta manera?"*, y una forma asertiva de comunicar esta misma necesidad sería: *"cuando pasas mucho tiempo con tus amigos siento que descuidas la relación de familia y me entristece. Me gustaría que puedas compartir con tus amigos, sin descuidar nuestra relación familiar"*.

## TÉCNICA 2: EL DISCO RAYADO

La clave de esta técnica está en repetir una y otra vez tu petición tal como si fueras un disco rayado cuando no tengas receptividad de parte de la otra persona, debes usar un tono de voz firme y segura.

*"Por favor baja el volumen del televisor. Por favor baja el volumen del televisor. Por favor baja el volumen del televisor"*.

Es importante que seas insistente y directo.
Por ejemplo, si un compañero de trabajo tiene sobre tu escritorio sus cosas personales y te dificultan trabajar.

Tú: *"Tus cosas sobre mi escritorio me dificultan trabajar, **te agradezco por favor los retires de inmediato para yo poder hacer mi labor"**.*
Compañero: *"yo lo hago luego"*.
Tú, usando el disco rayado: *"Para luego es tarde, **te agradezco por favor los retires de inmediato para yo poder hacer mi labor"**.*

Compañero: *"Tú eres desesperado, ¿no puedes esperar hasta más tarde? Estoy ocupado"*.

Tú, usando el disco rayado: *"entiendo que estés ocupado, pero tus cosas no tienen que estar en mi escritorio impidiéndome trabajar,* ***te agradezco por favor los retires de inmediato para yo poder hacer mi labor"***.

Lo ideal es que logres acuerdos satisfactorios sin pasar por encima de la otra persona.

## TÉCNICA 3: MANTÉN TU MENTE Y TUS PALABRAS EN EL PRESENTE.

Un aspecto de suma importancia en la comunicación asertiva es saber escuchar con atención y estar atento tanto al lenguaje verbal como el no verbal de la otra persona. Esto te ayudará a evitar perderte información importante y trasmitirá confianza a la otra persona que se sentirá atendido. Muy probablemente se presenten situaciones donde tengas comunicación con personas con quienes hayas tenido algún tipo de incomodidad o mala experiencia en el pasado, es aquí donde debes aprender a usar esta técnica.

Para que la atención no sea interrumpida, debes evitar distraerte en otras cosas, tanto físicas, como emocionales, sobre todo aquellas que han sucedido en el pasado que de alguna manera fueron malas experiencias pero que ya no tienen importancia en el presente. Lo ideal es evitar caer en los reproches y reclamos estériles y sin sentido actual. El manejo de las emociones es importante para estos casos. Porque te permitirán desenvolverte de manera adecuada.

La meditación es una excelente herramienta para estos casos.


## TÉCNICA 4: USA PALABRAS Y VERBOS APROPIADOS

Las palabras que usamos pueden generar un efecto positivo o negativo según la manera que elegimos comunicarlas. Por eso es importante usar verbos y palabras que tengan carga emocional positiva en lugar de las que tienen carga emocional negativas. Escoge usar palabras que indiquen tu compromiso, apoyo y voluntad, de manera que sirvan para ti también, que puedas recordar que haces las cosas porque así lo decidiste, que no lo haces bajo la obligación de otros.

La clave de esta técnica es reemplazar los *me tocan* y los *tengo*, por los *quiero*, *elijo*, *decido* o *me comprometo*.

Aquí algunos ejemplos:

> ➤ Palabras y verbos con carga emocional negativa: "esta situación es agobiante".
> ➤ Palabras y verbos con carga emocional positiva: "esta situación es una oportunidad para aprender".
> ➤ Palabras y verbos con carga emocional negativa: "nos toca hacerlo".
> ➤ Palabras y verbos con carga emocional positiva: "decidimos hacerlo".
> ➤ Palabras y verbos con carga emocional negativa: "tengo que buscar".
> ➤ Palabras y verbos con carga emocional positiva: "decidí buscar".
> ➤ Palabras y verbos con carga emocional negativa: "tengo que hacerlo".

- ➢ Palabras y verbos con carga emocional positiva: "elegí hacerlo".

## TÉCNICA 5: EL ESCUDO ASERTIVO

Evitar quedar al mismo nivel de otra persona que transmite emociones negativas o agresivas, es importante en la comunicación asertiva. Un escudo es algo que protege, de allí que está técnica debe funcionar como un escudo para evitar el enganche emocional negativo que pueda trasmitir la otra persona.

La clave de esta técnica incluye usar palabras de empatía, transmitir comprensión a la otra persona y generar en ella la sensación de confianza y de tranquilidad.

Ejemplo:

En un restaurant, un comensal está furioso porque tiene mucho tiempo de espera por su comida, y además trata de comunicarse con algún trabajador, pero no recibe atención y se siente molesto e ignorado.

Cliente molesto: *"¡Tengo casi una hora esperando mi pedido y no llega, trato de preguntarle a algún trabajador y nadie me contesta!"*.

Escudo asertivo: *"Estimado señor, entiendo que esté molesto, mi propósito es ayudarle a solucionar el inconveniente y que usted se sienta mejor y bien atendido"*.

Cliente molesto: *"¿y qué está esperando para buscar mi comida? no tengo porque seguir esperando"*.

Escudo asertivo: *"Sin duda su tiempo es muy valioso señor, por favor indíqueme su pedido para ir de inmediato a la cocina por él ¿puede hacerlo?.*

## TÉCNICA 6: USAR UN LENGUAJE EMPODERADO

Usar un lenguaje empoderado es ser responsable por lo que decides, sientes, haces o piensas, es ser directo, es no culpar a otros o hacerse la víctima.

Aquí algunos ejemplos de un lenguaje desempoderado y otro empoderado

> Lenguaje desempoderado: *"Me haces enfadar siempre".*
> Lenguaje empoderado: *"Debo mejorar mi carácter".*
> Lenguaje desempoderado: *"no es mi culpa, son ellos los que hacen que me comporte de esta manera".*
> Lenguaje empoderado: *"Trataré de ser más responsable con mis acciones".*
> Lenguaje desempoderado: *"Ustedes son responsables de haber perdido el juego".*
> Lenguaje empoderado: *"No jugué como debía y no aporté nada positivo al equipo".*

En el caso de estar conversando con otra persona que se comunica con ambigüedades o queriendo culparte de toda una situación. Para estos casos, debes aceptar la responsabilidad únicamente de lo que te corresponda no de toda la situación, debes acompañar esta acción, haciéndole saber al otro la parte de responsabilidad que le toca.

Ejemplo:

Comentario desempoderado: *"Me toca llevar hoy a los perros a pasear ya que dijiste que lo harías y no lo harás".*

Pregunta asertiva: *"¿Quieres decir que decidiste llevar hoy a los perros a pasear?, es verdad que había dicho que los llevaría hoy, pero tengo un inconveniente y no podré, había dicho que a cambio lo haría mañana, pero decidiste llevarlos hoy y no esperar hasta mañana ¿Es así?.*

Comentario desempoderado: *"Me enoja cuando la gente no cumple".*

Pregunta asertiva: *"¿quieres decir que te molestaste porque no llevaré a pasear hoy a los perros? ¿Es así?.*

## TÉCNICA 7: ESQUIVA LAS TRAMPAS PASIVO-AGRESIVAS

Si estás en una situación de carga emocional, de algún inconveniente con otras personas, tendrás altas probabilidades de caer en las trampas pasivo-agresivas y que quieras victimizarte. De allí es importante que sepas reconocerlas y evitarlas.

Aquí un ejemplo de una conversación que es iniciada con un comentario pasivo-agresivo:

*"cuando vayas al gimnasio con tus amigos o sabe Dios a cuál lugar realmente vas, mientras yo estoy como una esclava limpiando toda la casa sin ayuda, ¿es posible que compres los víveres para la casa? ¿O estarás tan ocupado que no podrás hacerlo?*

Muy probablemente la pareja reaccione a la defensiva. *"¿qué insinúas? Cuando digo que voy a un lugar es porque es así, tú decidiste limpiar sola, además ¿te molestas solamente porque salgo con mis amigos?"* Nuevamente la otra pareja usa unos términos pasivo-agresivo. *"Te molestas porque quieres, yo solamente estoy diciendo que me hagas un favor, no estoy peleando"*.

La clave de esta técnica es no usar indirectas ni sarcasmos, realizar peticiones específicas y directas.

Aquí el mismo ejemplo pero comunicando la misma idea de forma asertiva:
*"como estaré muy ocupada limpiado y no podrás estar para ayudarme, ¿podrías por favor cuando vengas de regreso comprar los víveres para la cena?"*.

# CAPÍTULO 6. OCHO TÉCNICAS AVANZADAS DE COMUNICACIÓN ASERTIVA

Este capítulo te enseñará técnicas avanzadas de comunicación asertiva y elevará el nivel de tu comunicación.

La comunicación efectiva te ayuda a vencer adversidades y a mejorar y ampliar tu nivel y habilidad de comunicación. Las técnicas de comunicación asertiva avanzadas que aborda este capítulo te darán las herramientas necesarias para mejorar ampliamente el nivel de tu comunicación y así lograr una comunicación asertiva.

## TÉCNICA 1: COACHING - CREENCIAS ACTIVAS

Es indudable la influencia de nuestras creencias en muchos ámbitos de nuestra vida, lo que pensamos, sentimos o hacemos, tienen repercusión en la manera que nos comunicamos y por consiguiente en los resultados que podemos obtener.

Algunas personas creen inadecuadamente que deben ser agresivos en la forma de comunicarse bajo estos pensamientos: *"Si me muestro muy amable, me verán como un tonto, debo ser duro para que nadie abuse de mí"*, hay otras personas que creen que es mejor utilizar un estilo de comunicación pasivo: *"si doy mi opinión y digo que no estoy de acuerdo, molestaré a los demás y no me aceptarán en su grupo"*.

Ambas posiciones son erradas y dañinas. Por lo tanto, es indispensable que evites caer en creencias de este tipo.

Aquí algunos pasos a seguir para evitarlos:
# 1: identifica cuáles son esas creencias inútiles que afectan tu comunicación.
#2: entiende las consecuencias de mantener esas creencias y el impacto negativo que generan en tu comunicación y tu vida personal y laboral.
# 3: amplia tu perspectiva y construye una mentalidad más sutil y adopta creencias que te ayuden a ser más asertivo sin que pongas en riesgo lo que es importante para ti.
#4: implementa adecuadamente las técnicas de comunicación asertiva que verás en este capítulo y lo que ya hemos tratado anteriormente.

## TÉCNICA 2: IDENTIFICA LOS VENENOS Y APLICA LOS ANTÍDOTOS

El investigador John Gottman menciona a cuatro jinetes del apocalipsis que son cuatro formas de comunicarnos o cuatro venenos que dañan las relaciones. También menciona los antídotos para cada veneno. Aprende a identificarlos y a aplicar el antídoto correspondiente:

**Veneno 1: Culpar y criticar.**
Cuando usas un lenguaje agresivo o adjetivo que descalifican y juzgan a otra persona o su forma de ser, en lugar de mencionar el problema y su impacto.

*"eres egoísta, no te importan los demás, eres un impuntual".*

Antídoto: limítate a mencionar las acciones del otro, no uses adjetivos que descalifiquen. El antídoto al culpar y criticar es hablar de las acciones del otro y su impacto sin juzgar a la otra persona. Debes expresar tus sentimientos en primera persona y hacer peticiones positivas.

 Aquí un ejemplo:
*"Si perdemos mucho tiempo viendo televisión, no podremos salir a comprar las cosas que necesitamos, yo también quisiera seguir viendo la televisión, pero debemos ser responsables".*

**Veneno 2: Defensividad.**
Tiene que ver con la acción de victimizarse y estar permanentemente a la defensiva ante cualquier crítica así esta sea constructiva, existe una tendencia a hacer sentir culpable a los demás.

*"No entiendo porqué me críticas que yo llegue tarde al trabajo, tú a veces llegas tarde a tu trabajo y si me criticas eso que tú haces, pues eres peor que yo".*

Antídoto: Debes aceptar tu responsabilidad y aceptar tus errores y equivocaciones.

*"Es verdad, estoy llegando tarde muy seguido al trabajo y he causado que también te retrases, te pido disculpas, trataré de ser puntual".*

**Veneno 3: Desdén.**
El desdén es usar una comunicación irónica, despreciativa y arrogante o atacar a la otra persona.

*"Debería haberte grabado cuando hacías tu exposición, para que te dieras cuenta lo mal que hablas en público y lo torpe de tu desenvolvimiento en el escenario y así pretendes que yo aprenda algo de ti".*

Antídoto: Aprecio. El antídoto desdén es tratar a la otra persona con aprecio y con empatía y tratar de no herirla, reconocer las cosas positivas que tiene esa persona.

*"Creo que después de verte en el escenario, podemos aprender mutuamente uno del otro y mejorar los puntos débiles que tenemos cuando exponemos y fortalecer los aspectos positivos de ambos".*

**Veneno 4: Distanciamiento.**
Cuando ignoras o evitas hablar con otra persona sin razón alguna, si interrumpes súbitamente una comunicación sin ninguna justificación o si aparentas estar contento cuando en realidad estás enfadado, estás utilizando este veneno y por ende lograr comunicarte asertivamente será imposible.

Antídoto: Mantenerte en la conversación. Haz una pausa para tranquilizarte y retoma la conversación expresando con honestidad tus sentimientos y siendo respetuoso.

# TÉCNICA 3: LOGRAR ACUERDOS GANAR – GANAR

Lograr acuerdos que permitan tener una comunicación asertiva y que conlleve a solucionar y satisfacer necesidades de quienes intervienen en la comunicación es un punto importante de la comunicación efectiva. No ver la comunicación como una batalla donde debe haber un vencido y un vencedor.

La comunicación asertiva es flexible, por lo tanto debes entender que puedes equivocarte al igual que la otra persona. Debes tender puentes de entendimiento, para que la comunicación sea productiva. No debes usar el lenguaje agresivo para hacer entender tus derechos ignorando el derecho del otro.

Escucha atentamente a la otra persona, busca un punto de encuentro que les permita mantener una relación de comunicación beneficiosa para ambos.

Aquí los pasos para llegar a acuerdos ganar - ganar:
**# 1: hablar cuando sea un buen momento para ambas partes.** Ambos deben considerar, si es un buen momento para hablar.
 **# 2: hablar por turnos.** Un debe ser el primero en hablar y el otro deberá escuchar atentamente, luego intercambiar los roles.
**# 3: parafraseo.** Cuando el primero en hablar termina, el otro debe usar la técnica del parafraseo, es decir, hacer un resumen de lo que escuchó y preguntar para verificar si entendió el mensaje.

# 4: confirmar o aclarar. El que habla debe preguntar si el que escuchó entendió o no su mensaje y en caso que quiera clarificar algo debe hacerlo.

#5: cambian de roles y repiten el proceso. No olvidar cambiar los roles en cada uno de los pasos anteriores, quien habla de primero pasa a escuchar y quien escuchaba, pasa a ser quien hable. Deben repetir el proceso las veces que sea necesario hasta hallar una solución a la situación específica de la cual están hablando.

Debes aplicar otras de las técnicas vistas en capítulos anteriores para que esta técnica funcione. Aquí un ejemplo:

#1: hablar de un solo tema por conversación sin reprochar otros asuntos del pasado.

#2: hablar en primera persona para expresar tus opiniones, necesidades y sentimientos.

# 3: Debes dar retroalimentación, describiendo las acciones específicas que el otro llevó a cabo y su impacto, sin utilizar adjetivos que descalifican y juzgan.

# 4: eliminar las generalizaciones al hablar. Evitar usar expresiones que acusen, tales como: *tú siempre*, o *tú nunca*.

# 5: Ser consciente de usar un lenguaje no verbal y un tono de voz tranquilo y firme.


## TÉCNICA 4: SCRIPTING

La clave de la técnica de Scripting es escribir lo que quieres decir antes de realizar la comunicación. Debes seguir estos pasos:

# 1: describe la situación y su impacto. Comunícate en primera persona y describe las acciones específicas que el otro llevó a cabo.

*"Cuando me criticas de mala forma delante de los demás, me haces sentir avergonzado".*

# 2: comparte tus sentimientos. Comunícate en primera persona haciéndote responsable por tus sentimientos.

*"Me siento muy avergonzado".*

# 3: realiza peticiones específicas. Debes ser preciso y claro al pedir lo que necesitas y debes hacerlo en primera persona.

*"te pido por favor que no me critiques de esa manera delante de otras personas".*


## TÉCNICA 5: COMPRENDE EL CONTEXTO.

Conocer aspectos como las normas, valores y cultura de las personas con quien puedes comunicarte y el contexto en el que se realizan, es importante, debido a que las técnicas de comunicación asertiva no se pueden aplicar al pie de la letra en todos los contextos.

Debes saber lo que se considera respetuoso, lo que puede ser aceptado y que no en un contexto específico, no hablarás de la misma manera con altos ejecutivos de empresas que con tus vecinos.

Hay países que usan una manera de comunicación más directa y otros indirecta, igualmente adoptan comunicación no verbal de manera diferente según el país o la región, algunos tiene una limitación a la parte sentimental o emotiva y otros no.

De tal manera, entender estos aspectos te ayudará a adoptar el lenguaje más adecuado de acuerdo al contexto en que se realiza la comunicación.

## TÉCNICA 6: USA TUS VALORES PARA COMUNICARTE DESDE LA MEJOR VERSIÓN DE TI MISMO

Es fundamental presentar la mejor versión de ti mismo al momento de comunicarte, mantener tus principios y valores te ayudarán en este aspecto. Manejar adecuadamente tus emociones también es importante. Debes tener claro el tipo de persona que deseas ser al comunicarte, qué esperas lograr en las personas a quienes les hablas y cuáles son los valores que quieres transmitir.

## TÉCNICA 7: LA ESCALERA DE APRENDIZAJE

Aprender cualquier habilidad requiere un tiempo. Y aprender la comunicación asertiva no es la excepción.

Aquí está el modelo "four stages for learning any new skill", desarrollado por Noel Burch donde explica las cuatro etapas para aprender cualquier nueva habilidad.

**# 1: incompetencia inconsciente**. Aún no has desarrollado la habilidad y no eres consciente de ello. Por ejemplo, no sabes exactamente qué es la comunicación asertiva o no te has dado cuenta de que no eres asertivo.

# 2: incompetencia consciente. Descubres que hay cosas que no sabes, por ejemplo, descubres qué es la comunicación asertiva y te das cuenta que no eres asertivo cuando tratas de comunicarte y entonces decides desarrollar estabilidad.

# 3: competencia consciente. Realizas prácticas con las técnicas, pero no te salen espontáneamente, debes pensar en cómo usarlas al aplicarlas.

# 4: competencia inconsciente. Luego de un periodo razonable de práctica y de haber empleado continuamente las técnicas de comunicación asertiva, te comunicas asertivamente de forma natural.

Debes ser paciente contigo mismo para ser un comunicador asertivo, ser persistente, practicar continuamente, bien sea con amigos, familiares o vecinos, lo importante es que puedas desarrollar tus habilidades correctamente.


## TÉCNICA 8: SUPERAR LOS CUATRO OBSTÁCULOS.

Existen al menos 4 obstáculos principales que necesitas identificar y superar para lograr una mejor comunicación asertiva.


**#1: desbalance en la necesidad de controlar.**

Cuando crees que eres el único que puede realizar alguna acción específica, cuando te pones perfeccionista, cuando sientes la necesidad de controlarlo todo y si tu necesidad de controlar está fuera de balance, tenderás a comunicarte desde la impaciencia y la frustración y puedes ser percibido como alguien que manipula, que no es auténtico y que es agresivo.

# # 2: desbalance en la necesidad de ganar.

Cuando te dejas dominar por tus emociones, cuando te comunicas transmitiendo miedo porque necesitas sentirte "ganador". Tu necesidad de ganar se saldrá de balance. Entonces, podrías reaccionar explosivamente al estar dominado por tus emociones. Cuando los demás se equivocan puedes ser percibido como alguien agresivo y autoritario.

# # 3: desbalance en la necesidad de agradar.

Cuando te quedas callado, no expresas tus emociones u opiniones por temor al rechazo o al conflicto. Tu necesidad de agradar estará fuera de balance y tu comunicación será percibida como temerosa y desempoderada.

# # 4: desbalance en la necesidad de defender.

Cuando tiendes a criticar desmedidamente la opinión o acciones de otros, si permanentemente usas la descalificación ante los argumentos de otras personas, solo por querer tener la razón y defender tus ideas, entonces tu necesidad de defender está fuera de balance.

Harás que los demás se sientan juzgados, no comprendidos y no valorados. Tu comunicación será percibida como poco empática, arrogante y con soberbia.

Para superar tus obstáculos sigue los siguientes pasos:
# 1: identificar tus obstáculos, observar si alguna de estas necesidades está fuera de balance.
# 2: observar en qué situaciones aparece el obstáculo y cómo esta necesidad fuera de balance afecta tu comunicación.

# 3: llevar esta necesidad a un punto de equilibrio.

# CONCLUSIÓN

Luego de haber leído esta guía te habrás dado cuenta lo importante y necesario que es estudiar acerca de este tema. Si has seguido las instrucciones de seguro te has evaluado a ti mismo y has evaluado tus reacciones ante los demás y ante algunas circunstancias.

La comunicación asertiva se enfoca en el respeto mutuo. Si desarrollas una comunicación asertiva verás efectos positivos para tu salud física y emocional ya que esto reduce el estrés, mejora tus relaciones y habilidades sociales y personales, mejora tu autoestima, te permite conocer tus emociones y reacciones, aportas en situaciones para ganar-ganar, encontrarás satisfacción personal y laboral, etc. Por otra parte, también demuestra que eres consciente de los derechos de los demás y que estás dispuesto a resolver conflictos.

Un breve resumen de todo lo que leíste en la guía y con lo que quiero que te quedes específicamente es: aprende a escuchar y prestar atención a lo que los demás dicen, no los juzgues, reconoce las diferencias, siempre expresa tus ideas en primera persona, conócete a ti mismo, transmite y genera emociones positivas, sé claro y directo con tus palabras, controla tus emociones y siempre muestra empatía y amabilidad.

La comunicación asertiva o efectiva es una de las mejores formas de crear relaciones fuertes. Tener una comunicación asertiva no es algo que se aprende de la noche a la mañana. Tampoco lo aprenderás con tan solo leer esta guía. Este es un principio y es un buen avance, pero recuerda que cada técnica aquí presentada debes ponerla en práctica, y eso se toma tiempo.

Para finalizar te dejo con esta frase de Brian Tracy: "La comunicación es una habilidad que puedes aprender. Es como montar en una bicicleta o teclear. Si estás dispuesto a trabajarlo, puedes mejorar rápidamente la calidad de cada parte de tu vida".

Te invito a que te dediques a cultivar una comunicación efectiva cada día, te autoevalúes diariamente para que así puedas crear cambios en tu vida e impactes la vida de los que te rodean. ¡Manos a la obra!